AF346123

Mon Petit Livre

Mon Petit Livre

i

Mon Petit Livre

Mon Petit Livre

Vous présente

PAROLES

D'AMOUR

&

D'ESPOIR

Illustration extérieure © Mystère TUTLE (Page Facebook = Mystère TUTLE)
Illustration intérieure © Subhasin Art

ii

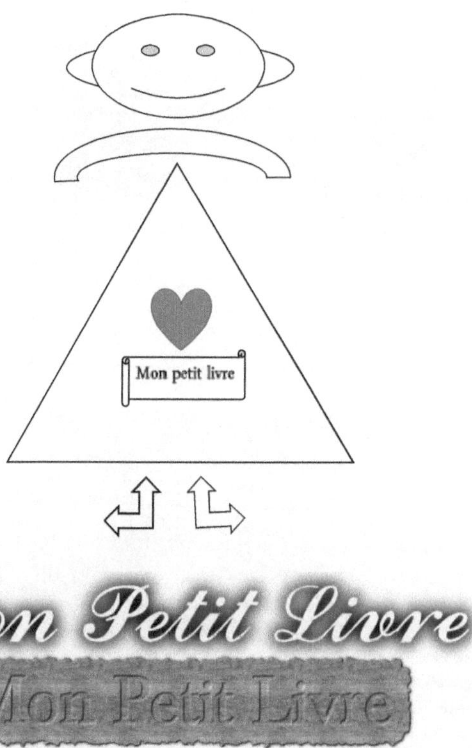
Mon petit livre
Mon Petit Livre
Mon Petit Livre

Mon Petit Livre

Origine d'un millier de poèmes

Version 1

Il était une fois dans le village nommé « Ecriture », 3 otages condamnés à perpétuité : un stylo, un papier et une main. Ils étaient pauvres et étrangers. Un jour, avant de quitter le commun des mortels, ils décidèrent de créer quelque chose afin de laisser une trace. C'est ainsi qu'ils laissèrent 1 millier de poèmes que nous vous invitons à découvrir.

©Kabirou OWOLABI

Version 2

J'étais assis seul sur le banc dans ce petit parc
Quand toutes les princesses passaient et feignaient de m'ignorer.
Puis vint comme un vent d'orient *l'écriture*.
L'écriture vint vers moi pour me tenir compagnie.
Le feeling passait tellement bien entre nous que finalement elle décida de rester.
C'est ainsi qu'Elle pénétra mon esprit et y trouva une humble demeure.
Une humble demeure qu'elle décida de ne jamais quitter.
Depuis ce jour mon sang se transforma en *encre*
Une encre qui sort comme un or***me à chaque fois que mes doigts caressent ce papier. ©Kabirou OWOLABI

Version 3

Un avion de la princesse écriture pénétra l'orbite terrestre. Elle cherca rapidement un endroit pour se poser car d'où elle venait, des gens en voulaient en sa vie.

La plupart des aéroports officiels lui étaient fermés d'accès.

Personne n'était censée être au courant de sa présence sur terre.

Il lui fallait un endroit discret loin de toutes ces civilisations et de toutes ces technologies.

Un endroit où règne la civilisation d'humilité, de simplicité, de sagesse et d'amour.

C'est ainsi qu'un jour, elle vit un pauvre jeune garçon. Un pauvre jeune qui tous les matins, partagea ce qu'il a sous la main avec les mendiants se trouvant sur son chemin.

Elle aima ce jeune garçon et prit le risque de se poser sur son petit aéroport en sable.

Ce risque était tellement grand que son avion aurait pu être décomposé en mille morceaux.

Mais la princesse écriture était prête à risquer tout pour ce jeune garçon.

Après quelques secousses et turbulences, l'atterrissage fut finalement réussi.

L'avion de la princesse écriture, malgré quelques blessures ici et là réussit à se poser dans l'aéroport en sable de la mémoire de ce jeune homme.

La porte de l'avion s'ouvra finalement, Princesse écriture descendit dans sa belle robe. Elle inonda d'amour le sang de ce jeune garçon au point que son sang n'était plus le même.

Depuis ce jour, ce jeune garçon n'était plus attiré par les mêmes choses.

Leur amour les condamnait à vivre au milieu des papiers de la petite bibliothèque. Ils passèrent le restant de leur vie à courir après les papiers, et à se loger dans les bibliothèques.

Leur paix, leur bonheur, leur bien-être se trouvaient uniquement dans les papiers. Leur rêve était de faire de la Terre, une immense bibliothèque.

Avant l'invention des papiers, leur amour accouchait de toutes sortes de dessins, de toutes sortes de lettres dès qu'ils touchent le corps de la mère Terre (le sable).

Malheureusement à chaque passage du vent, à chaque passage des vagues de la mer, à chaque passage des humains ou même des animaux, leurs messages étaient effacés, emportés par les traces de ces derniers. Ceci empêchait la génération future d'avoir connaissance du fruit de leur amour.

Ceci se perpétua, jusqu'au jour où mère *Savoir* leur offrit ce qu'elle avait de plus cher. C'était leur plus beau cadeau : un papier et un stylo.

C'est ainsi qu'ils ont pu sauvegarder la mémoire du fruit de leur amour.

Ils accouchèrent *un millier de poèmes* que nous vous invitons à découvrir. © Kabirou OWOLABI

Version 4

C'est la guerre,

Les adversaires ont pris leurs armes

C'est la guerre,

les ennemis sont montés sur leur char

C'est la guerre,

L'adversaire avance vers moi

L'ennemi avance son arme pour me faire du mal

Il s'approche,

Il se rapproche pour me faire du mal

J'eus peur

Je pris panique

Car j'étais orphelin et solitaire

Car je n'avais aucune arme

Car je n'avais rien pour me défendre

Puis tout à coup, j'entendis un bruit

Celui d'un vent

Un vent souffla

Un vent frais dont le passage hérissait ma peau
Un vent frais dont le passage me donna une chair de poule
Une chair de poule qui m'obligea à fermer mes yeux un moment

Puis un autre moment
Et quand je les ouvrai
J'avais dans une main, un stylo
Et quand je les ouvrai
J'avais dans l'autre main, un papier
Ce vent avait pénétré comme un souffle mon nez
Ce vent avait pénétré comme à travers une porte ma peau
Cet air frais se mélangea à mon sang
Ce mélange se dirigea vers mes doigts
Et changea leurs désirs
Leurs désirs n'étaient plus tournés vers la même chose
Leurs désirs étaient tournés vers une seule chose
Embrasser un stylo
Mes doigts n'avaient désormais qu'un seul souhait

Embrasser ce stylo dans un seul endroit
Cette chambre, cette bibliothèque
Sur un seul lit, ce papier
Le fruit de leur amour avait une forme
Une forme que le langage des mortels appelle écriture
Une écriture
Une écriture dont la vue dispersait mes ennemis

Une écriture
Une écriture dont la face faisait fuir mes adversaires Une écriture
Une écriture dont la beauté exterminait entièrement Ceux qui en
voulaient à ma vie.
Et depuis ce jour, je promis une chose à ce vent

ix

Prendre soin de ce qu'il m'a donné
Je ne faisais rien
Sans avoir mon stylo et mon papier sur moi.
Je transformai ma chambre en une bibliothèque
Et mon souhait était de transformer le monde autour de moi
En une immense bibliothèque. © Kabirou OWOLABI

- - - - - - - - - - - - - - - - - - -

Version 5

Une idée est dans ma tête
Une pensée est dans ma mémoire
La retenir dans ma tête me donne les mots de tête
La retenir dans ma mémoire me donne la migraine
Elle veut que je la fasse sortir
J'essaye d'ouvrir ma bouche pour l'exprimer
Mais elle refuse de sortir par la porte de ma bouche J'essaye de
délier ma langue pour l'exprimer
Mais elle refuse de passer par la porte de ma langue Que
dois-je faire alors pour l'exprimer ?
Que dois-je faire alors pour m'en libérer ?
Je cherche une porte d'expression
Une porte de sortie discrète
pour toutes ces idées retenues captives dans mes pensées
pour toutes ces idées qui ne veulent pas être exprimées par mes lèvres
pour toutes ces idées qui veulent être exprimées qu'en images qu'en
lettres, qu'en alphabets qu'en écriture.
C'est ainsi que mes mains se mettent à bouger
C'est ainsi que mon poignet se met à trembler
Parce qu'il y a quelque chose qui frappe fort à leur porte
Cette chose veut sortir coûte que coûte
Ses efforts de sortir de moi
Se manifestent par les tremblements au niveau de mes mains,
De mes poignets, et parfois de mon bras

x

Mes mains réclament quelque chose
Donnez-leur svp ce qu'elles réclament
Elles réclament leur addiction
Mais même moi, je n'en étais pas au courant
Une addiction dont je n'en ai pas eu connaissance jusque-là
Le stylo, le stylo, le stylo
La clé qui ouvre la porte de mes mains
Le stylo, le stylo, le stylo
Le stylo était cette clé qui ouvre la porte de mes mains
Il suffisait que mes mains saisissent ce stylo
Elles le saisissent et l'embrassent de sorte que le stylo et mes mains
Prennent la forme d'une croix
Et quand la porte de mes mains s'ouvre
Les idées captives
Passent dans mon sang
Se connectent au sang de mon stylo (encre)
Et se déversent sur ce papier
Dans cette bibliothèque
C'est ainsi que j'accouchai d'un millier de poèmes
Un millier de poèmes qui a la forme du sang versé sur du papier un
millier de poèmes que je vous invite à découvrir.
©Kabirou OWOLABI

****

Version 6

****

Un ciel orageux plane au-dessus de ma tête, un vent violent
souffle, les arbres bougent comme s'ils allaient être arrachés, les
tonnerres retentissent, les éclairs sillonnent le ciel, les oiseaux

se hâtent de se cacher, les animaux se pressent de trouver un
abri, il fait de plus en plus noir et tout à coup,
Ce ciel orageux commença à faire pleuvoir un puissant orage
sur la terre de ma mémoire,
Une heure s'écoula, deux heures s'écoulèrent, une semaine, un
mois, des mois s'écoulèrent et là ça y est … la fois de trop.
La terre de ma mémoire quant à elle, a essayé d'avaler le
maximum d'eau qu'elle pouvait, mais cette grande pluie
dépasse de très loin ses capacités de stockage. La terre de ma
mémoire commença alors à vomir de l'eau, elle vomissait de
l'eau d'un côté, l'orage continuait de l'autre côté. La terre de ma
mémoire fut complètement inondée.
Une inondation qui commence à faire des dégâts dans mon
corps. Alerte maximale à tous les organes de mon corps. Le
risque de catastrophe naturel est imminent si rien n'est fait
jusque-là dans ma chair.
Au secours ! Il est hors de question que ce dégât ait lieu sur la
terre de ma mémoire. Au secours ! il est hors de question que je
reste là à observer et à ne rien faire, il est hors de question que
je laisse cette eau envahir tout dans mon corps. Je cherche une
solution, ça y est, j'ai une idée. J'ai essayé de retenir l'excès
d'eau dans mes organes, mais mes organes furent rapidement
remplis, au point qu'ils commencent à déborder eux aussi, ils
débordèrent au point que mon sang perdit sa couleur d'origine.
Mon cœur quant à lui commença à perdre le rythme de ses
battements. Il faut faire quelque chose contre cette inondation.

Mon âme est agitée, mon esprit est paniqué, ma chair est en danger.

Puis mon oreille intérieure s'ouvrit, une voix intérieure me souffla la réponse que voici : « La seule façon pour toi d'évacuer cette inondation est de la laisser passer par une sortie ».
Je lui proposai alors de sortir par la bouche, mais elle ne voulut pas, je lui proposai encore de sortir par la sueur de ma peau, mais elle ne voulut toujours pas. Je lui proposai de sortir par les larmes de mes yeux, mais elle ne voulut pas non plus, (j'étais prêt à pleurer quitte à faire couler mes larmes pendant toute une année s'il le faut mais non, elle ne voulut pas).je lui proposai de sortir par le liquide de mes parties in***es, mais elle ne voulut pas non plus. Je lui proposai de sortir par ici ou pour là, mais elle ne voulut toujours pas. C'était finalement un dialogue de sourd.

Je me disais alors, (oula !) c'en est fini pour moi, je ne comprends plus rien de ce qui m'arrive, j'étais là en train de pleurer sur mon sort, quand la même voix intérieure me souffla encore une réponse : « La seule sortie par laquelle elle accepte de sortir c'est l'extrémité de tes doigts »
Quoi ? l'extrémité de mes doigts ? comment cela peut être possible ?

Oulala !!! J'étais là à dire comment cela est possible, est ce que mes doigts ont une porte de sortie, est ce que l'extrémité de mes doigts a un trou, bref je courus alors chez le médecin, et lui demandai de placer des aiguilles à chaque extrémité de mes doigts car il y a une chose en moi que je dois faire sortir mais que je n'y arrivais pas à faire sortir jusque-là. Mais là encore, rien ne sort. Je courus vers les grands sorciers de mon village, j'offris tous mes biens en sacrifice, je prononçai toutes les incantations qu'ils ont dit de prononcer mais rien, j'offris des sacrifices à l'océan atlantique, mais non, j'offris des sacrifices à l'océan pacifique, à l'océan indien, je dis bien rien ne sort. Je courus vers les grands serruriers de mon village, chacun plaçait sa clé magique au niveau de l'extrémité de mes doigts, mais rien ne sortit toujours, même pas une seule goutte de cette eau du ciel ne sort de mon doigt, les grands serruriers de mon village passèrent l'un après l'autre, jusqu'au dernier, mais personne ne réussit à trouver le moyen de faire sortir ce qui doit sortir par l'extrémité de mes doigts. Je suis abattu encore une fois, complètement découragé, le rythme de battement de mon cœur se ralentit de plus en plus, si rien n'est fait dans les brefs délais, ma vie risque d'y passer. Si cette chose ne sort pas de moi, quelque chose en moi risque d'exploser. J'étais là encore très découragé du fait que je n'ai pas pu trouver de solution, puis la même voix intérieure me souffla encore cette réponse : « La seule personne capable d'ouvrir la porte de sortie de tes doigts c'est un stylo ».

On courra partout dans ce village pour retrouver un stylo. Trouver moi un stylo ! trouver moi un stylo ! trouver moi un stylo svp !!!

Et finalement on finit par le trouver. C'est ainsi que finalement on m'emmena un stylo, on le posa à l'extrémité de mes doigts, mais encore rien, je dis bien rien ne sortit, bref rien de visible,

xiv

et pour une fois, cette voix intérieure vint encore à mon secours : « l'une des seules personnes capables de bien voir cette eau immense qui coule en toi s'appelle le papier (feuille de papyrus) ». C'est ainsi que je posai ma main sur ce papier, et l'extrémité de mes doigts embrassait ce stylo dessus. A ma grande surprise, ils s'embrassèrent, ils s'enlacèrent, ils restèrent collés l'un à l'autre, je ne compris rien. On dirait une fusion, une histoire d'amour qui date de longtemps. Je sentis une paix en moi, un bonheur, une joie que je ne peux pas découvrir avec les mots du langage humain. Bref, c'est ainsi que finalement en embrassant avec amour sur du papier, ce stylo avec l'extrémité de mes doigts, cette eau en moi sort finalement comme un écoulement, un écoulement que le langage des mortels appelle « encre ». Cet écoulement dessine ou prend des formes, on dirait, attendez je vais voir, oui on dirait des dessins, mais le commun des mortels a préféré l'appeler « l'écriture ».

Tout ceux dont je me rappelle encore c'est que l'extrémité de mes doigts et le stylo par leur union, plantèrent des lettres comme on plante des fleurs sur le jardin de ce vierge papier. Quand j'observai attentivement, je compris alors qu'il faut au minimum deux doigts pour embrasser ce stylo, je compris aussi qu'il ne faut pas embrasser ce stylo partout, il faut plutôt l'embrasser sur du papier. C'est en ce moment que cette inondation en moi accepte de sortir. Dès que cette eau du ciel arrose le papier, des fleurs de lettres se suivent entre elles pour former le jardin de mots sur la terre du papier. C'est ainsi que je fus condamné à vie, condamné à vivre avec ma main, un stylo et un papier, condamné à arroser avec cette eau du ciel (l'encre) le jardin de ce papier vierge.

En agissant ainsi jour après jour, mois après mois, année après année, je réussis à stabiliser le rythme de battement de mon cœur. Ainsi je finis par écrire ce texte et les autres que vous connaissez de moi et je réussis ainsi à prolonger mes jours auprès de la mère Terre. ©Kabirou OWOLABI

****

■■■

❀❀❀❀❀❀❀❀❀❀❀❀❀❀❀❀❀❀❀❀❀❀❀❀❀❀❀❀❀❀❀❀❀

Version 7

Il était une fois dans le Village nommé Ecriture
Une très belle princesse, une princesse charmante nommée
Princesse papier...

Princesse papier était tellement belle que le soleil se levait tôt pour admirer sa beauté, le soleil se couchait même parfois tard pour pouvoir contempler au maximum la beauté de *Princesse papier*. La lune quant à elle se pointait chaque nuit au-dessus du toit de la maison de *princesse papier* pour être sûr de bien admirer sa beauté. Les étoiles sortaient toutes de leur cachette pour pouvoir ne rien rater de la vie de notre princesse papier.

Même le vent n'était pas indifférent à la beauté de notre princesse. Un doux vent frais accompagnait les déplacements de notre précieuse princesse. Au dehors, on pouvait apercevoir un air frais qui tente chaque fois de soulever les robes de notre princesse, au-dedans, on pouvait apercevoir les rideaux de ces fenêtres soulevés de part et d'autres par ce même air doux et frais.

Princesse papier était belle, la nature l'admirait, mais pas que, les *Princes Stylos* également. Les princes stylos étaient tous également à l'affût. Sur les murmures de toutes les lèvres, on entendait que la même chose : « le rêve, la passion de partager la vie de notre princesse

Mais la beauté de notre princesse n'intéressait pas que les stylos.

La renommée de la beauté de notre princesse s'accroissait jour après jour, elle s'accroissait jusqu'au jour où la nouvelle atterrit au palais. *Reine Ecriture* apprit la nouvelle, et sans tarder, ordonna ainsi à ses officiers de veiller sur la princesse, afin que personne ne lui fasse du mal.

Les gestes et déplacements de notre précieuse *princesse* étaient surveillés ou du moins encadrés ici ou là. La sécurité autour d'elle, était de plus en plus renforcée.

Jour après jour, puis un jour arriva où le regard d'un stylo attira le regard de *Princesse papier*. C'était un stylo simple, humble et surtout généreux. C'était un stylo qui passait sa vie à aider ses confrères, un stylo qui passait sa journée au côté des plus faibles, des plus démunis, bref un stylo qui n'avait que pour beauté celle de son cœur, qui n'avait que pour charme, celui de son âme. Son cœur était rempli d'amour, de sagesse, de compassion et surtout de générosité. Il était incapable de mentir, incapable de porter un faux témoignage bref incapable de faire du mal à une mouche dans ce village d'écriture. Il

xvii

réussit tout de même ce jour-là, malgré sa discrétion, à attirer le beau regard de *Princesse papier*. Ainsi regard après regard, sans l'aide d'aucune conversation, sans aucun effort oral, le stylo réussit à faire pencher vers lui, le cœur de notre *princesse*. *Princesse papier tomba amoureux de *stylo* et *stylo* aussi tomba amoureux de *princesse papier*. Tout se passait comme si, *Reine Amour* les avait réunis, ils étaient comme emprisonnés dans une cage d'amour, où tout autour d'eux, n'était que *amour*, le soleil autour d'eux brillait d'amour, la lune au-dessus de leur tête, reflétait que l'amour, les étoiles scintillaient d'amour, même le vent qui passait, soufflait que d'amour. Tout ceci se déroulait en cachette, à l'abri du regard des populations de ce grand village « Ecriture ». Car la tradition interdisait à quiconque de toucher *princesse papier* avant le jour de leur union.

Ils vivaient leur amour en cachette, jusqu'au jour où, ils ne pouvaient plus rester dans la discrétion.

[...] Ils étaient obligés de se révéler à leurs familles bien sûr, s'ils veulent continuer à profiter de ce grand amour qui les unissait.

Ainsi, le jour J arriva, *stylo* doit découvrir la belle famille de *princesse papier* car les parents de *princesse papier* sont partis très tôt, ils sont devenus des anges dans le ciel, ce jour-là fut un jour de stress pour lui, *stylo* n'a pas pu fermer les yeux la veille, malgré les messages et les encouragements de la princesse papier. Il est maintenant l'heure, et la pluie n'a toujours pas encore cessé de tomber, des tonnerres retentirent

xviii

dans le ciel, de l'eau tomba du ciel et mouilla *stylo* sur le chemin vers le palais de *princesse papier*. *Stylo* arriva ce jour-là tout mouillé, un peu stressé, car la première rencontre, la première impression est très importante. Mais avec la faveur du ciel, *stylo* arriva à trouver le chemin pour se présenter devant la famille de *princesse papier*. Avant ce jour, les deux amoureux s'attendaient à une union rapide, mais très rapidement, la belle famille de *princesse papier* ne souhaitait pas se libérer de sa princesse aussi rapidement. Pour cela, ils trouvèrent une idée, après s'être consultés entre eux, ils demandèrent au *stylo* d'emmener quelque chose et dès qu'il emmène cette petite chose, leur union sera célébrée le lendemain. Cette chose était un poème, un poème que personne n'avait jamais écrit, un poème qu'aucune encre n'avait dessiné, un poème qu'aucune oreille n'avait entendu.

stylo s'en alla tout triste car il savait qu'il aura du mal à trouver ce précieux poème. Il savait qu'il n'y arrivera jamais. Mais comme il tenait à sa princesse, il était prêt à tenter le tout pour le tout. A force de réfléchir sur la façon d'attirer un tel texte, à force de méditer sur la façon de recevoir un tel précieux texte, un vieillard vint vers stylo sur le chemin et lui donna une astuce. Sans tarder, le lendemain, stylo s'en alla vendre tout ce qu'il avait sous la main, il vendit tout ce qu'il possédait, il les vendit tous et les offrit aux plus démunis du village écriture, il les offrit aux veuves, aux orphelins, aux sans-abris, et même aux animaux. Le soir, stylo s'en alla dormir tout fatigué, c'est en ce moment qu'un vent léger souffla, ce vent léger pénétra la

porte de sa mémoire et lui délivra un premier message,

Ma princesse

Pour écrire un texte en ton honneur, je rassemblerai tous les

alphabets de toutes les langues.

Ma princesse,

Pour t exprimer mes sentiments, j emprunterai les écrits de

tous les poètes.

Ma princesse,

Pour t écrire je t'aime

Je ferai couler sur le papier toutes les encres de tous les stylos.

Ma princesse

Ton amour en moi est si grand

Et mon cœur est heureux de le porter en lui

Puis ce vent descendit vers la porte de son cœur et lui délivra

un autre message :

Quand je pense à toi

Je souris

Quand je rêve de toi

Je souris dans mon sommeil

Et Quand je te vois

Mon cœur se remplit de joie.

Mes yeux ne se lassent jamais de contempler ta beauté.

Ta voix est comme une douce mélodie a mes oreilles.

Ton baiser est comme une goutte de miel sur mon palais.

Je t'aime

Même ce mot ne suffira pas pour exprimer ce que je ressens
pour toi.
Je t'aime
Même ce texte ne suffira pas pour te témoigner l'immensité de
mon amour pour toi.

Reine écriture écouta avec admiration la demande en mariage
de « prince stylo. Reine écriture valida la proposition de notre
pince et célébra dans une grande bibliothèque vierge, l'union
entre « princesse papier » et « prince stylo ». Ils furent heureux
tous les jours de leur vie et accouchèrent d'un millier de
poèmes que nous vous invitons à découvrir. © Kabirou OWOLABI

****

Version 8

****

Il y a un feu en moi
Un feu si fort comme un volcan
Un feu tellement fort que si je le laisse s'exprimer à l'état brut
Risque de consumer tout, je dis bien tout ce qui est autour de moi
Et comme j'aime les gens autour de moi
Et comme je ne veux pas que les gens autour de moi soient consumés.
Comme je ne veux pas leur faire du mal
Je gardai ce feu caché à l'intérieur de moi pour qu'il ne puisse pas
s'exprimer, pour qu'il ne puisse pas se révéler
Mais à défaut de consumer les autres, à défaut de faire du mal aux autres
autour de moi,
Ce feu, je dis bien ce feu, m'a consumé moi-même
Ce feu a consumé mon cœur
Et le sang qui en découle

Sort comme des vers des poèmes au niveau des extrémités de mes doigts
© Kabirou OWOLABI
****

Version 9

****

Il était une fois dans le Village nommé Ecriture Un jeune homme.

Ce jeune homme fut condamné à mort après avoir été accusé à tort

d'avoir déshonoré la fille bien aimée de la Reine Ecriture.

La fille bien Aimée de la Reine Ecriture aurait aimé prendre sa défense

non seulement parce qu'elle savait que ce jeune homme était innocent

mais surtout parce qu'elle l'aimait beaucoup. Malheureusement la fille

unique de la Reine Ecriture, ne pouvait plus parler. Elle était devenue

muette après ce déshonneur. Ce jour-là, dans le palais, Elle multiplia les

signes afin de faire comprendre à sa Reine que ce jeune homme était

innocent. Mais la colère de la Reine l'empêchait de comprendre ses

différents messages.

Quant au jeune homme, conscient de la réalité de la situation, ne s'y

attendant pas à une fin prématurée de sa vie,

Sachant désormais qu'il n'avait que peu de temps à vivre sur cette terre.

Il réfléchît dans sa cellule de prison sur la manière prolonger ses jours,

voire même s'il le faut, perpétuer sa mémoire.

Il eut enfin une bonne idée

Celle de se transformer

Se transformer en quoi

Se transformer en Ecriture.

Ainsi, Avec la complicité du stylo et du papier, que lui offrit secrètement

la fille de la Reine Ecriture. Notre jeune homme réussit à se transformer.

Il réussit à vivre autrement. Son esprit son âme et son corps se

décomposèrent sous forme de papiers, en vers, en poèmes.

Quand la Reine Ecriture envoya ses officiers pour exécuter le jeune

homme, ils trouvèrent dans la cellule au lieu d'un corps humain, un

millier de papiers, c'est-à-dire un millier de poèmes. La fille de la Reine

xxii

quant à elle, retrouva sa voix à chaque fois que sa main s'approchait d'un de ces papiers. La Reine Ecriture consciente de la chose, ordonna qu'on conserve précieusement les dits papiers. Elle conserva ainsi précieusement ses poèmes qui donnent de la voix à celui ou celle qui l'avait perdu, ou à celui ou à celle qui n'en avait même pas du tout. Ses poèmes que nous vous invitons aujourd'hui à découvrir.

©Kabirou OWOLABI

****

Version 10

Il y a quelqu'un qui écrit dans ma tête

Il y a quelqu'un qui écrit sur les pages de mon cœur

il y a quelqu'un qui nage et qui chante dans la mer de mon sang

Cette personne, je ne l'ai jamais vu

Mais je peux vous la décrire.

Elle est comme une voix intérieure qui me parle

Elle est comme le bruit des étoiles la nuit.

Elle est comme une eau qui apaise la soif de mon esprit

Elle est comme un oiseau qui se promène

et qui chante dans le ciel de ma vie

Elle refuse que je fasse sortir sa parole par ma bouche

Elle veut que seuls mes doigts soient capables d'exprimer ses sentiments.

Et ses sentiments,

et cette voix à travers le bout de mes doigts.

Seule une plume

Seul un stylo peut la lire, peut la décrypter.

Et cette lecture de ma plume

et ce décryptage de mon stylo

Seul un papier peut l'entendre.

C'est ainsi que ce papier a entendu un millier de poèmes

Un millier de poèmes que nous vous invitons aujourd'hui à découvrir.

© Kabirou OWOLABI

****

****

Version 11

il était une fois dans un village nommé Ecriture, un jeune garçon.

ce jeune garçon était beau, simple, et généreux

Mais malheureusement ce n'était pas tout il était aussi muet et avait également un handicap.

Son handicap était ceci :

il ne pouvait pas voir un désert, à chaque fois il doit y planter des arbres jusqu'à ce que ce désert devienne une forêt

il ne pouvait pas non plus voir un espace vide ou un terrain vide, à chaque fois, il y fera pousser des fleurs, des arbres jusqu'à en faire un jardin, un parc bref un petit coin de paradis.

Il agissait ainsi à chaque fois au point que le village Ecriture autrefois un petit village comme tous les autres

était finalement devenu presque un Jardin d'Eden c'est à dire un petit coin de paradis.

Ce jeune garçon agissait ainsi et son âme n'avait presque jamais de repos, car à chaque fois il y avait ou un terrain vide ou un espace vide, ou un espace désertique, ceci bien évidemment vu l'immensité du village Ecriture.

La Reine Ecriture consciente de la chose mais aussi et surtout de la bonne intention du jeune garçon, consciente de toutes ces réalisations dans son village (car le village Ecriture était devenu presque un Jardin d'Eden grâce à ce jeune garçon), réfléchit sur le moyen d'aider ce jeune garçon à retrouver le repos. Guérisseurs après Guérisseurs, délivrances après délivrances, tous les experts du village ont essayé de tous leurs dons et de tous leurs talents afin de donner du repos a ce jeune garçon, mais aucun d'eux ne réussit à le faire.

Jours après jours, semaine après semaines, Faute de trouver un remède pour ce beau gentil petit garçon, la Reine Ecriture décida alors de l'enfermer dans une cellule afin de l'aider à contenir cet handicap.

xxiv

Un jour passait, puis des mois des années jusqu' au jour où la Reine Ecriture envoya ses officiers pour vérifier comment le jeune garçon allait.

Ces derniers étaient surpris de leur découverte :

le jeune garçon n'y était plus,

O ! comment cela était possible ?

en effet, son handicap s'était transformé, c'est à dire il s'était manifesté

autrement

le jeune garçon avait transformé les murs de sa cellule en une forêt de

dessins de mots de messages.

On pouvait lire ces écrits, ces dessins, sur les tables, les chaises, les portes,

les fenêtres ...

A chaque fois qu'il voyait un papier vierge, il devrait planter des semences

de lettres, des fleurs de mots, pour en faire un jardin de textes, de poèmes

et d'histoires.

A chaque fois qu'il voyait un mur vierge, une porte vierge ou une fenêtre

vierge, il devrait y planter des fleurs de peinture, de dessins, d'images, et

encore de lettres, pour en faire finalement un jardin de peinture, de

poésies, d'histoires, de contes.

A chaque fois, qu'il plantait une fleur de mots, son âme et son cœur

gagnaient une partie de la paix, mais aussi et surtout une partie de lui

s'évaporait

C'est ainsi qu'il finit par s'évaporer complètement.

Il laissa une trace

Une trace d'un millier de poèmes et plusieurs autres livres que nous vous

invitons aujourd'hui à découvrir.

© Kabirou OWOLABI

****

Version 12

il était une fois dans un village nommé Ecriture, un vent, pas

n'importe lequel, un vent frais. Ce vent frais était formé d'un

"air", un air un peu particulier. Un "air" appelé dans le langage des mortels *inspiration*. Cet air était isolé comme un petit nuage, comme une petite nuée au sommet de la plus grande montagne du village.

Tout le monde essayait de gravir cette montagne mais en vain. ils essayaient nuit et jour, génération après génération de gravir cette immense montagne afin de respirer cet "air" si particulier, cet "air" si frais, mais personne, je dis bien mais personne n'y est jamais arrivée.

c'est ainsi qu'un jour un jeune homme perdu dans la forêt, cherchait en vain une voie qui lui permettrait de retrouver les siens. Dans la quête de cette voie, il se retrouva comme ça nez à nez avec le petit nuage dont tout le monde parlait tant. Tout cela comme s'il y avait un passage secret autre que celui que tout le monde connait. C'est ainsi, que le cœur de ce jeune homme tomba amoureux de cet air, Et cet air aussi tomba amoureux de son cœur. Cet air pour manifester son amour envers le jeune homme, se laissa respirer par lui. Ce jeune homme le respira mais ne l'expira plus. En effet, contrairement aux autres "airs" que les mortels respirent, cet air refusa de ressortir par le nez de ce jeune homme depuis ce jour.

Le jeune homme respira cet air et ne l'expira plus. Car, on dirait, cet air quand on le respire, apparemment on ne l'expire plus. Du moins on ne l expire pas par le nez.

ainsi le cœur de ce jeune homme et cet air passèrent le restant de leurs jours à vivre pleinement leur amour. Le fruit de leur amour au lieu de sortir par le nez ou par un autre endroit dédié aux fruits de l'amour, les leurs sortirent plus tôt par les doigts

xxvi

de celui-ci. Ils sortirent sous forme de vers, de poèmes que nous vous invitons à découvrir.

© Kabirou OWOLABI

Ce Petit livre

Est un compilé de plusieurs textes de l'auteur,

un compilé de plusieurs poèmes, paroles de

l'auteur sur tel ou tel sujet.

Pour l'auteur, le plus important n'est pas la

quantité de pages incluses dans un livre

Le plus important c'est plutôt la qualité de ce qui

est dedans, peu importe le nombre des pages.

©Kabirou OWOLABI

Je remercie tous ceux qui de près ou

de loin

Ont contribué à la réussite de ce livre.

Si je veux citer des noms, une page

d'un livre ne suffirait pas.

Merci !!!

Paroles d'Amour & d'espoir

LA TERRE ET L'HOMME

LA TERRE ET L'HOMME

Je fixe mes regards vers les extrémités de la Terre
Pour voir si un sujet de joie me reste encore
Je tourne mon esprit sur mon âme
Pour voir si ma vie a encore un sens

Je fouille la chambre du souvenir
Si je peux trouver des sujets de joie
Je regarde dans le miroir
Pour voir comment il me trouve

Je regarde dans l'eau
Pour connaître son appréciation
Je regarde dans l'air
Mais je ne vois rien

Voici involontairement je ferme mes yeux
Et je sens les yeux de mes yeux s'ouvrir
Je ferme mes oreilles
Et je sens les oreilles de mes oreilles s'ouvrir

Je ferme ma bouche
Et j'entends un cri
J'entends une voix
Comme un tremblement de terre

Cette voix se fit entendre

Encore une fois de plus
Elle s'adresse à toutes les planètes de l'univers
J'étais terrorisé, je ne pouvais plus bouger

Cette voix s'éleva de nouveau
Ce cri s'élança de nouveau
aux oreilles de toutes les planètes de l'univers
et je me suis dit : qui a les oreilles pour entendre cette voix ?

Qui a les yeux pour voir cette face ?
Qui a la bouche pour lui adresser une prière ?
Qui a les pieds pour marcher devant lui ?
Et je pleurai amèrement sans pouvoir m'arrêter

mais j'entendis de nouveau cette voix
qui me fait trembler
Cette voix qui disperse les étoiles
Et cette voix dit ceci : *« qui veut accueillir l'Homme chez elle »*

mais personne
aucune planète ne s'est portée volontaire.
Je fus très triste
et je pleurai de toute mon âme.

Mais, voici une petite, une belle
une jeune, une courageuse
qui fut la seule volontaire
à cause de son amour pour l'Homme : *« la Terre »*

4

(...)
La Terre adopta l'Homme
elle prit soin de lui comme on prend soin d'un prince
tous les soirs, au clair de lune
la Terre lui raconta toujours de très belles histoires

mais un jour, une histoire
Retint l'attention de l'Homme
Et il demanda à sa mère
De lui en raconter encore

Et la Terre recommença comme suit :
  « dans une maison, habitent un chat et des souris
  chaque nuit où les souris partent
  à la recherche de provisions pour leur famille
  elles croisent le chat qui les met en fuite, les blessèrent

  mais un jour, les souris se réunissent entre elles
  pour trouver une solution à leur problème
  pour réfléchir ensemble autour d'une table ronde
  heureusement elles en trouvèrent « une ».

  Alors les souris décidèrent de trouver une cloche
  qu'elles mettraient au cou du chat
  ainsi à chaque fois que le chat s'approcherait d'elles
  elles sauront vite et prendront aussitôt la fuite

  à cause du bruit de la cloche
  que le chat fera retentir en se déplaçant.

Les souris se réjouissent de cette belle solution

(...)

mais elles se souvinrent d'un point

qui les a rendues plus tristes qu'avant

laquelle d'entre les souris aurait le courage

de s'approcher du chat jusqu'à lui

attacher la cloche au cou ?

(...)

Ce fut une très grande désolation ce jour-là »

(...)

La Terre aima tellement l'Homme

Elle l'aima à tel point qu'elle lui donna

l'autorité sur toutes choses

dans sa maison.

Les jours passent et l'Homme grandit

Il devient de plus en plus intelligent

et décida un jour d'écrire à son tour

un poème d'amour à sa mère, la terre

Ce poème est comme suit :

(...)

« Ô Mère, toi qui es ma source de vie

tu me faisais dormir à côté de toi sur le lit.

Ô mère, toi qui m'as gardé dans ton ventre

je me demande si un jour, je pourrai quitter ce centre.

Ô Mère, durant neuf mois je t'ai fait souffrir

6

mais un jour maman, je te ferai sourire
je t'aime beaucoup maman, tu es super
ton amour envers moi est solide comme du fer.

Ô Mère, toi qui es ma lumière de nuit
toi qui as risqué pour moi ta vie
toi qui as choisi de ne pas m'avorter
tu m'as appris à dire la vérité.

Ô Mère, toi qui es l'eau dans le désert de ma vie
toi qui m'as permis d'avoir cet âge aujourd'hui
tu me disais qu'un jour je deviendrai un bon père
je t'aime beaucoup maman tu es extraordinaire.

ô Mère, toi qui m'as permis de vivre
tu me racontais des histoires dans ton livre
le soir tu me faisais voir des films
je t'aime beaucoup maman tu es sublime.

ô Mère, toi qui es mon intégrale
tu m'as appris à ne pas faire du mal
toi qui me tenais par ma main
pour m'amener dans un lieu saint.

ô Mère, toi qui me faisais sortir sous un ciel nuageux
pour me faire marcher, pour me diriger
tu m'aidais à surmonter les dangers
je t'aime beaucoup maman, sois heureuse.

ô Mère, toi qui connais mon cœur
tu m'as promis de me donner une sœur
tu essuyais mes larmes quand je m'attristais
en me disant qu'aucun homme n'était parfait.

ô Mère, toi qui cherches mon bonheur
tu me parles de Jésus la nuit quand j'ai peur
toi qui me prenais sur ton dos
tu faisais tout pour me rendre beau.

Ô Mère, toi qui as souffert pour me faire manger
je demandais toujours d'après le boulanger
je t'aime beaucoup maman, tu es merveilleuse
ma prière c'est que pour toujours tu sois heureuse.

ô Mère, toi qui m'as ouvert les yeux
grâce à toi j'ai pu voir les cieux
toi qui m'as amené à l'école la première fois
tu m'as appris à compter avec les doigts.

Je t'aime beaucoup maman, tu mérites tous les respects du
monde.

ô Mère, toi qui m'as appris à aimer
tu me disais qu'on récolte toujours ce qu'on a semé
aujourd'hui j'ai réussi et je veux te dire
ta récompense pour toi sera un éternel sourire.

ô Mère, toi qui ne dors plus la nuit à cause de moi

tu me parles toujours de la foi
toi qui m'as promis de me donner un frère
qu'ensemble on te ferait sortir de la misère.

ô Mère, toi qui me parlais de Dieu
qu'à la fin le monde sera brûlé par le feu
toi qui m'as semé dans cette vie
viens porter les beaux fruits que je porte aujourd'hui.

Je t'aime beaucoup maman, sois heureuse.

ô Mère, toi qui m'as appris à bien parler
à ton cœur le mien restera toujours coller
aujourd'hui je suis grand
et je mettrai mon amour envers toi dans le vent.

Je t'aime beaucoup maman, sois en paix.

ô Mère, toi qui manges après moi
toi qui te fatigues à cause de moi
j'ai peur que tu me quittes un jour
s'il te plaît maman, acceptes mon amour. »

(...)

(...)

Cet amour entre l'Homme et la Terre

grandissait de jour en jour

à tel point que cela suscite

la jalousie des frères et sœurs de la Terre[1]

Les autres planètes voyant

tout l'amour de la Terre se porter vers l'Homme

l'envièrent et finirent par semer un trouble entre eux

ainsi depuis ce jour, commença un nouveau jour

L'Homme grandit

Et ne respecte plus personne

ni sa mère, ni son Créateur

L'Homme devint avide d'argent et du pouvoir

La Terre ne suffit plus désormais à l'Homme

Et l'Homme désire maintenant habiter ailleurs

La Terre triste, a peur de se retrouver dans la solitude

car l'Homme pour qui, il a tout sacrifié, veut aujourd'hui

l'abandonner

[...]

La Terre voulut se mettre en colère

La terre voulut se suicider

Mais le Créateur l'apaisa jour et nuit

Pendant des années, des décennies, des siècles voire des

millénaires

---

[1] Les autres planètes de l'univers

et un jour le Créateur lui dit ceci :
« Attends encore un peu de temps, et tu verras. »

Le fidèle et l'infidèle ne seront plus ensemble
L'Homme pense que le Créateur détruirait la Terre
Ainsi il se mit à chercher une autre demeure, un autre abri
Sans savoir que c'est lui-même qui sera peut-être puni pour son
infidélité

Qu'as-tu Homme pour changer ainsi ?
Pourquoi tant de convoitise dans ton cœur ?
Sache que la Terre est unique et unie
Tu as détruit, tu as blessé ta mère, ta source de vie

Tu as oublié ton premier amour
Tu l'as divisée, tu l'as séparée
Pourquoi tant de pensées dans ton cœur
Tu crois avoir les moyens pour détruire la Terre

Celle qui t'a aimé le premier
Celle qui t'a supporté jusqu' à aujourd'hui
Celle qui se retrouve seule maintenant
Parce qu'elle a tout abandonné à cause de toi

Voici la Terre m'envoie te dire
Voici la belle m'envoie t'avertir :
(...)

« Tu as dit que tu es capable de me détruire
Saches que je suis un

Plus uni que l'air
Plus uni que le vent
Avec quoi me détruirais tu ?
N'est-ce pas avec moi-même ?

Je me suis tu en te laissant faire
Car je sais que ton jour est proche
Tu as oublié ton Créateur
Tu as opprimé les gens de ta maison

Mais je t'ai laissé le temps
Pour voir si tu vas te repentir
Voici j'ai chaud et tu ne m'as pas rafraîchie
Je maigris et tu continues de me harceler... »

La Terre, sans finir sa parole
S'effondra en larmes (...)

Et j'entendis une autre voix
Qui disait :
(...)
« La Terre a accueilli l'Homme chez elle
La Terre a servi l'Homme pendant des millénaires
Quel bienfait en retour l'Homme a-t-il pu lui faire ?
Quelle récompense la Terre a-t-elle reçue ?

La Terre est dans sa colère

Et l'Homme continue de la provoquer

La Terre est fatiguée

Et l'Homme continue de la harceler

La Terre se réchauffe et bouillonne

La Terre est dans ses émotions fortes

Toutes les espèces sont menacées

Mais l'Homme refuse de se repentir

Il refuse d'obéir à la nature

Que diriez-vous à cette nouvelle génération

Si elle vous demandait pourquoi ?

Quel héritage pour ces innocents ?

Quel avenir pour ces enfants ? »

(...)

En ce moment je vis comme dans un rêve

Dans un ciel autre que celui-ci

Un signe, au moment où j'écoutais

l'autre voix qui parlait.

Je vis des centaines de milliers de sachets sur un sol

Je vis aussi un grand vent souffler

J'aperçois le vent qui emporte

Un seul des sachets très loin dans l'air

Mais, je peux lire dans les pensées de ce sachet

Il croit qu'il a des ailes pour voler

Il croit qu'il volerait pour toujours
Il regarde d'un mauvais œil les autres sachets

Mais, brusquement le vent cessa
J'aperçois le sachet qui tombe
Il vient de tomber
Il ne se souvient plus de rien

Il se retrouve seul dans un autre endroit
Il a même honte de regarder les autres sachets
Il se retrouve maintenant
Au même niveau qu'eux
(...)
L'Homme n'est qu'une poussière
Tirée d'une partie de la Terre
Le vent soulève la poussière pour un peu de temps
Et dépose où il veut

Au moment où cette poussière est soulevée
Elle ne veut se souvenir de rien
Elle fait des choses qui font très mal
A la Terre, aux autres poussières

Et voici quand le vent s'arrête
Cette poussière retourne à la Terre
Que dira la poussière aux autres
Lorsqu'elle retournera à la Terre

Que dira l'Homme à la Terre

14

Lorsqu'elle redeviendra poussière ?
L'Homme n'est qu'une partie de la Terre
Comme l'œil, une partie du corps
(...)
La Terre est une femme
Et le soleil est un bel homme
La Terre abandonne les autres planètes
Et s'attache avec son fils bien aimé au soleil

La Terre tourne autour du soleil
Comme une femme s'abandonne à son mari
Le soleil envoie ses rayons sur la Terre
Comme la main d'un mari sur le corps de sa femme

La Terre aime le soleil
Et le soleil éclaire sa voie
Oh ! Homme, aime ta mère
Comme elle aime le soleil

Ne la trahis pas
Comme la mer trahit le poisson
Car l'eau dans laquelle naît et grandit le poisson
Sert à cuir le même poisson

Ne la trahis pas
Comme l'arbre trahit le mouton
Car autrefois, l'arbre qui donnait ses herbes
Pour nourrir le mouton

A aussi donné du bois
Pour servir de feu
Afin de cuir
Le même mouton

Rappelles-toi de ceci
Ne l'oublie jamais
Quelque soit l'orgueil de la mer
Elle ne dépassera pas ses limites

Le vent passe à tout moment
Selon son temps
Le soleil se lève et se couche
Selon son temps

Homme ! Tu n'as pas choisi
Ton jour de naissance
Mais tu as seulement entendu parler
Tu ne choisiras pas non plus le jour de ta mort

Et tu n'entendras jamais parler
(...)
Qui a planté l'arbre dans le monde ?
Qui le nourrit dans la forêt ?
Qui connaît sa durée de vie ?

Un oiseau ne s'envole pas pour le plaisir
Un lion ne sort pas pour se promener
Malgré la petitesse du piment

16

On ne l'approchera pas des yeux

Tes yeux ont beau vu toutes choses
Mais ils ne se verront jamais

…

Personnification

RHUME[2]

Ô Rhume ! D'où viens-tu
pour que tu sois si têtu ?
Tu résistes à tous les médicaments
et tu réagis à tout stimulant.

Tu ne cesses de faire parler mon nez
tu le fais presque chaque jour de chaque année
je pensais que tu n'étais que la maladie des ainés
mais non, en moi tu es rentré sans même avoir sonné.

Tu m'empêches de bien respirer
Hier seulement, mon maître a failli me faire virer
Car à cause de toi, je suis obligé de sortir en courant
De son bureau pour aller éternuer dehors, et ceci très souvent.

Un jour, tu m'as fait éternuer du sang
tu étais sans pitié malgré qu'envers toi, j'étais innocent
tu étais ce qui me fatigue le plus
je devrais avoir avec moi, mes papiers mouchoirs dans le bus.

Comme une queue, tu me poursuis jusqu'au campus
tu ne tombes jamais amoureux d'une autre dans ce bus
tu veux me faire voir toutes les couleurs de l'arc en ciel
ton arrivée est toujours signe de mauvaise nouvelle

---

[2] Vendredi 27 Juin 2008, Centre Culturel Français de Lomé, 17h49' à 18h03'

car même fatigué, il m'est impossible de m'endormir

impossible de savourer le goût de ma nourriture

à cause de toi, mes yeux ont grossi

tu me fais couler des larmes et tu veux que je te dise « merci ».

Campus de Lomé[3]

Campus de Lomé

J'adore ta couleur *d'« adémé[4] »*

Ta morphologie, ta géologie

Toute cette écologie qui fait ton énergie.

Des milliers d'arbres

Au silence un peu macabre,

L'oxygène de l'air

Le paradis des verts.

Campus aux portes ouvertes

Aux chemins en fête

Réunit de belles têtes

Pour continuer les enquêtes.

Tes facultés comme des branches

Tes étudiants comme des feuilles

---

[3] Jeudi 27 Novembre 2008, université de Lomé, à l'intérieur de la bibliothèque. 13H 50' – 14H 17'

[4] Nom d'une feuille verte à Lomé au TOGO

Chaque jour ici est Dimanche

Jamais, jamais on n'est en deuil.

[...]

Campus que j'aime

En moi ton intérieur sème

Des vers, des poèmes

Qui nous arrose de Salem.

Maison de la connaissance

Raison de notre existence

A notre vie, tu as offert un sens

Voilà pourquoi aujourd'hui nous te devons notre

reconnaissance.

Demeure de l'avenir

Continues de nous faire sourire

Même si le temps nous oblige à partir

Toi campus, tu resteras gravé dans nos souvenirs.

Mes yeux[5]

Mes yeux[6],

aux couleurs de mes cheveux

longs et soyeux,

sont très affectueux

Grâce à eux

mes camarades sont joyeux

les méchants deviennent amitieux[7]

et de certains, j'en fais des amoureux

Toi qui es anxieux[3]

toi qui es acrimonieux[4]

Regardes-moi dans les yeux

et tu seras heureux

Mon regard fortifie les paresseux

les rendant ambitieux, audacieux.

Tortures seront abolies sous les cieux

parce que mon regard fait gagner les aveux[5]

---

[5] Lundi 14 Octobre 2013 fini d'écrire à 11h25, il pleut en ce moment dans le quartier AVEDJI, j'attends
l'arrivée de S*R*, j'écris un poème sur les yeux parce que N*dir* me l'a demandé

[6] Explication des mots :

3= qui ressent de l'anxiété (malaise psychique dû à l'anticipation d'un danger réel ou imaginaire)

4= qui fait preuve d'acrimonie, d'aigreur dans l'humeur

5= action d'avouer, reconnaissance d'une faute, d'un crime, d'une confession

6= qui se plait à la guerre, agressif

7= qui louche ou souffre d'une mauvaise vue

8= qui laisse couler de la salive de sa bouche

9= qui est enclin à la colère, à la rancune.

[7] en Belgique, terme familier signifiant « gentil », « amical »

Toi au caractère belliqueux[6]
Toi que tout le monde traite de bigleux[7]
regardes-moi juste dans les yeux
et tu ne seras ni baveux[8] ni bilieux[9].

Le sommeil

Triste, l'annonce de ton arrivée
Effrayant ! Ce que tu fais rêver
Silence de cimetière,
avant de se rendre à toi, chacun prononce sa prière

Mort obligatoire et temporaire
Noircit tout, même la vaste mer
Tout n'a qu'une seule couleur
Ce noir qui parfois enfante la peur dans le cœur

Repos obligatoire
Ce noir oblige à croire
Couleur qui aveugle les yeux
Pause forcée en tout lieu

Devoir de dormir
Ronfler comme en train de gémir
Moment de l'oubli
Cette nuit

23

rejeté malgré moi (l'Afrique)[8]:

Vous ai-je une fois attaqués ?
Qu'avez-vous alors remarqués
pour m'éviter autant comme un danger ?
À me voir, vous donnez l'impression d'être dérangés.

Moi,
Moi qui parcours des kilomètres
pour venir vous servir comme un maitre
moi, qui ne cherche qu'à vous voir
vous me déportez aujourd'hui sans me dire « au revoir ».

moi, guidé par l'amour de mon cœur et de mes pensées
j'avais tellement soif d'être à vos côtés, de vous embrasser
mais vous, vous n'avez jamais hésité à me rejeter, à me menacer
vous êtes demeurés toujours comme vous étiez par le passé.

J'arrivais vers vous avec un stock de poèmes
pour vous dire simplement « je vous aime »
seulement partager avec vous vos problèmes
sans forcément chercher à goûter à une goutte de votre crème.

Vous me combattez avec vos lois
plusieurs fois transformées par vos petits doigts
vous m'apportez de l'aide au sous-développement

---

[8] Samedi 17 Mai 2008, centre culturel français de Lomé 13h52'-14h00'

vous venez exploiter tous mes diamants.

Vous fixez le prix de mes marchandises
vous avez cherché même à corrompre la Sainte église
en m'envoyant ces faux missionnaires
qui prônent la même idéologie, « la richesse ne mène qu'en
enfer ».

Ce moment

Ce moment

Rien dans nos comptes à la caisse d'épargne

Des dettes à la hauteur d'une montagne

Aucun grain de riz à la cuisine

L'arbre de l'espoir sèche jusqu'aux racines

Ce moment

Les soucis dans cette mémoire accablée

Ouvrir la bouche sans savoir de quoi parler

La gorge séchée, faute de salive

Le nez respire comme vers la dérive

Ce moment

Un mois pour quitter son logement

Un mois pour se trouver un nouvel appartement

Un mois pour rassembler un an de salaire[9]

Un mois ; juste un mois ; sinon misère

Ce moment

Dans la crainte de se voir expulser

Toutes idées parcourent les pensées

Nulle d'entre elles n'a la solution

Miracle comme dans la cite de Sion

---

[9] Pour louer un appartement ici, il faut verser un an de caution

Célibataire oblige

L'avenir comme déluge

Soleil et lune se voient dans cette prison

Pauvre n'a pas raison

28

Paroles d'Amour & d'espoir

Il nous aime comme on ne nous a jamais aimé[10]

imaginez comment vous êtes heureux en ce moment

imaginez comment cet homme ou cette femme fait de vous la

personne la plus heureuse de la planète.

imaginez tout ce que vous avez traversé pour en arriver là

imaginez toutes ces déceptions, toutes ces trahisons

toutes ces infidélités, toutes ces humiliations

par lesquelles vous êtes passés, avant de retrouver ce qui fait votre

bonheur aujourd'hui

imaginez maintenant qu'on vous dise un jour

qu'il y a quelqu'un quelque part

qui vous aime ou qui peut vous aimer

comme on ne vous a jamais aimé

imaginez maintenant qu'on vous dise un jour

qu'il y a quelqu'un quelque part qui peut vous rendre heureux

comme on ne vous a jamais rendu heureux

imaginez maintenant qu'on vous dise

qu'il y a quelqu'un qui peut vous rendre joyeux

comme on ne vous a jamais rendu joyeux

imaginez seulement et dites-moi ce que serait votre réaction envers

cette personne.

---

[10] écrit le 17/06/2021 dans l'après-midi, inspiration reçue le 16/06/2021 dans le tram direction les vergnes

imaginez comment votre bébé vous rend heureux ou heureuse en ce
moment
imaginez cette joie, cette allégresse que vous ressentez chaque fois
que vous voyez votre bébé
imaginez maintenant qu'on vous dise qu'il y a quelqu'un quelque
part qui vous aime ou qui est capable de vous aimer comme on ne
vous a jamais aimé

imaginez comment vous aimez votre enfant
imaginez comment vous aimez vos parents
imaginez comment vous aimez cet homme, cette femme
imaginez comment vous êtes heureux de les aimer
imaginez comment vous êtes joyeux de les voir
imaginez maintenant qu'un jour quelqu'un dise à cet homme ou
cette femme que vous aimez autant
imaginez quelqu'un leur dire qu'il y a quelqu'un qui les aime ou qui
est capable de les aimer comme on ne les a jamais aimé
ô quel amour !

regarde[11] !

regarde
regarde comme on n'a pas besoin d'être violent pour marquer une
âme
regarde
regarde comme on n'a pas besoin d'être agressif pour toucher un
cœur

---

[11] Écris le 17/06/2021 entre 21h et 22h après en écoutant une chanson de REM* (artiste nigérian)

regarde

regarde comme la douceur de ta voix vient de réveiller mon âme

regarde

regarde comme la mélodie de tes chansons vient de toucher mon

cœur

chante

chante et ne te tais pas,

parle

parle-moi et ne t'arrête pas,

ouvre

ouvre ta bouche et ne la referme plus

oui

oui j'aime entendre ta voix,

oui

oui j'aime entendre cette mélodie qui sort de tes lèvres

oui

oui j'aime cette mélodie qui apaise mon cœur,

oui

oui j'adore cette mélodie qui apaise mon âme.

Tournée inter-organale

Visite surprise du secrétaire
des « idées unies »
dans ce palais de la moelle épinière
durant cette ténébreuse nuit

Sept organes seront visités

Lors de cette tournée inter-organale
qui commence par cette ville de l'encéphale
tournée ironiquement axée sur la sécurité

La secrétaire des « idées unies »
annoncera un discours de bonne gouvernance
moteur de croissance de l'économie
discours à prononcer devant le palais de la présidence

Ce sont les sept organes stratégiques
choisis par la nouvelle orientation politique
qui veut surtout de cette riche mémoire
une source stable d'approvisionnement en « or noir »

Le gouvernement de l'Etat d'économie
Affaibli par les idées rebelles du delta de la moelle épinière
propose à cette occasion une Amnesty
aux idées soldats acceptant de déposer leurs armes amères

Grâce à toi[12]

Grâce à toi
je peux dire haut et fort
que j'ai retrouvé la paix
Grâce à toi
je peux crier à haute voix
que j'ai retrouvé le bonheur

---

[12] Écrit le 12 Juin 2021 vers 3h du matin après la veillée de prière

Grâce à toi

je peux proclamer dans tous les coins de rues

que je suis heureux

oui heureux grâce à toi,

simplement heureux

Regarde comme ma vie prend de l'aile[13]

Regarde comme ma vie prend de L'air

Regarde comme ma vie prend de l'aile

Regarde comme ma vie se remplit d'oxygène

Regarde je respire comme si j'avais mille poumons

Regarde comme je me sens léger

Regarde comme je me sens en paix

Tout ça

je dis bien tout ça juste parce que tu es rentrée dans ma vie

Je n'arrive plus à m'arrêter[14]

Je n'arrive plus à m'arrêter

Au secours je n'arrive plus à m'arrêter

Est-ce à moi seul que ce genre de choses arrive ?

Je n'arrive plus à m'arrêter

J'éteins mon pc pour m'obliger à arrêter d'écrire

Mais ma main elle continue toujours d'écrire

---

[13] écrit le 07 Juin 2021

[14] Mai 2021

J éloigne tous les stylos de moi

Pour essayer de penser à autre chose

Mais mon cœur lui continue toujours à écrire à l'intérieur de moi.

Je range tous les papiers blancs de ma chambre

Pour me décourager à écrire

Mais mon âme elle continue toujours à écrire à l'intérieur de moi.

Je n'arrive plus à m'arrêter

Au secours

Je n'arrive plus à m'arrêter

Je pense à toi encore[15] :

Je pense à toi encore

quand je revois ton plus beau corps

qui brillait ces soirs

comme de l'or

Oooh, fais pas ça ma beauté

j'aime beaucoup tes qualités

au point que tu es devenue l'air que je dois respirer.

Je me souviens de toi

A chaque fois que je passe sur cette place

je me souviens de toi

---

[15] Mon premier poème en rime, écris quand j'étais au Lycée, c'était un midi, je revenais de l'école

toi qui me considères comme un roi

tu étais tout pour moi
j'aime passer mon temps avec toi
je ne t'ai jamais regretté
tu étais prêt à mourir pour moi

Quand je passe avec toi
c'est le monde entier qui nous voit
ils pensaient que je t'avais envouté
et moi je remercie Dieu de te m'avoir donné.

Quel amour, je suis moi-même très étonné
c'est comme le paradis
d'être à côté de toi
par ta belle voix, tu me consoles, tu me conseilles
et moi je t'écoute, on se comprend
on est devenu des associés.

Je pense que j'ai rencontré la fille de ma vie
et toi l'homme idéal
nous étions comme des jumeaux
on a le même goût, les mêmes désirs au même moment.
[...]
maintenant, tu m'as laissé, abandonné
tu m'as quitté
dis-moi où tu es ? Où puis-je te retrouver ?
ma vie n'est plus qu'un cauchemar.

Je me sens seul

ô notre vie pourrait être éternelle

tu reviens dans mes rêves, je revois tes lèvres douces comme du miel

et quand je me réveille, je pleure

ma beauté, mon cœur, ma bouche, mes yeux

je sais que tu m'aimes et toi tu sais que je t'aime aussi

reviens je t'en prie, reviens

j'ai soif de toi ma belle

je suis une hormone secrétée par Dieu

et toi, tu es ma cellule cible

comment pourrais-je vivre sans toi

je ne t'oublierai jamais.

A la messe, on est ensemble

à la plage tu es avec moi

tu m'appelles plus de cinq fois par jour

dis-moi que tu vis, que tu es là

ne me laisse pas seul ici, rejoins-moi.

Ton sourire restera mon souvenir :

Je garderai ton sourire comme notre plus beau souvenir

J'aimerais te dire que tu es la seule

qui remplit tout l'espace dans mon cœur

même si aujourd'hui tu veux partir

même si en ce moment tu t'éloignes déjà de moi

même si à cet instant, tu as l'air plus heureuse dans les bras d'un autre

sache que je n'oublierai jamais ton sourire

sache que je le garderai comme mon plus beau souvenir

c'est pour toi

oui c'est pour toi que j'écris toutes ces paroles

Poème [16]

LES YEUX EN FORME DE LUNE
Ce soir à la bibliothèque de médecine
Cette sœur bien aimée ***** dite ***WINE*
A préféré les pommes aux clémentines

Ce qui se passe quand près de toi, je touche au stylo
C'est qu'en même temps, le très haut visite mon cerveau
Me fait accoucher des vers, des mots de Jérusalem
des vers que les habitants d'ici appellent « Poème »
[...]
Par ta voix *****, j'ai touché à mon stylo
Par ces écris, je t'en prie n'abandonne pas ton « micro »
Chante « ****** », chante pour le très Haut
Car si son cœur est joyeux, c'est nos jours ici qui seront « beaux ».

---

[16] Mardi 31 Janvier 2017

Tout va bien désormais :[17]

Des conditions s'améliorent sans qu'on ne sache ce qu'on a fait.

Des choses vont mieux, désormais on se déplace avec un beau

portrait,

De bonnes nouvelles se succèdent comme des images dans notre tête

quand on dort sur notre "bed"

Il fait beau dans notre vie en ce moment.

Nous trouvons grâce et faveur aux yeux des gens.

Qu'est-ce qui a autant changé pour que ceux-là même qui nous

évitaient

ressentent aujourd'hui la soif, le besoin de voir notre portrait.

On se dit : "que fait l'esclave dans la cour du roi ?

Pourquoi ce dernier le salue désormais en lui serrant les doigts ?"

Ö ! Que ce bonheur vive longtemps,

que cette joie nous anime éternellement.

Que cette "fierté de vivre" ne tarisse point.

Qu'elle soit comme une pluie qui arrose le chemin du pèlerin.

Qu'il est admirable, l'auteur de ces bonnes nouvelles !

L'auteur que j'admire à travers les couleurs de l'arc en ciel.

[Pause]

L'orphelin retrouve le sourire.18

Il montre ses dents à la nature.

---

[17] Mi Avril 2010, sur un téléphone portable. Ville de Lomé.

[18] Vendredi 14 Mai 2010, Adidogomé.08H47'-08H57'.

Le ciel fait couler ses larmes,
cette pluie qui mouille son charme.

Le soleil se lève, une lumière éclaire son chemin
un jour s'annonce et met fin à cette nuit de chagrin.
Sur sa route, il écoute les oiseaux chanter
une mélodie qui veut dire : « ton nom a changé ».

Ecrire pour exister :[19]

Ecrire pour laisser des traces.
Ecrire, parler de ceux de ma classe,
de celle de qui j'étais amoureux
et qui m'avais dit qu'elle vit déjà à deux,

de ceux que j'ai marqués
sans l'avoir remarqué,
de ceux qui me sont inconnus
mais qui toujours m'ont soutenu.

Pour ceux qui m'admirent,
pour ceux qui m'arrosent de leur sourire,
volonté d'écrire pour eux et pour la génération future
partager avec eux mes émotions, mes passions, mes ambitions.

Les traces de ma plume
révèlent son amertume.

---

[19] Fin Avril 2010,sur un téléphone portable en marchant dans la rue.

Le sang de mon stylo
ne cache pas mes maux.

C'est sur le papier que je vis l'amour.
C'est sur une feuille que je dis bonjour.
Avec un papier, j'ai aimé la solitude.
Avec le stylo, j'ai jugé bon cette habitude.

"Ecrire" je ne pus m'en passer
"Ecrire", qu'il soit femme, je l'aurais déjà embrassée.
"Ecrire" n'est pas qu'un simple regroupement de mots

"Ecrire" est aussi un médicament contre les maux.[20]

Naissance d'un poète [21]:

Cette journée est le plus beau jour de ma vie
le jour où ma mère mettait au monde une nouvelle vie.
Ils se réjouirent avec mes frères
et me souhaitèrent la bienvenue sur cette terre.

Ma mère me portait souvent sur son dos
parce qu'elle était fière de ce précieux cadeau
ma mère m'allaitait
et me dévoilait tous ses petits secrets.

---

[20] fini Lundi 31 Mai 2010
[21] Vendredi 16 Mai 2008, université de Lomé, campus Sud 15h26'-15h39'

Ma mère me parlait de mon avenir
comme si elle sentait quelque chose venir
du plus profond de moi
tandis que moi, je n'étais pas encore « moi ».

Je n'avais pas encore ouvert les yeux
mais j'ai quitté, avec des pleurs les cieux
car j'étais averti que la vie était un combat,
les morts tenaient souvent devant moi ce débat.

Ma mère versait son sang sur ma tête
mes frères et sœurs étaient animés d'une joie de fête
tandis que moi, j'étais venu pour essuyer leurs larmes
ma présence seule était plus tranchante qu'une lame.

Le premier jour de ma naissance
l'assurance de la défense
des innocents, des opprimés
l'avenir viendra tout nous confirmer.

L'espoir reprend son envol[22] :

Les arbres me sourient
j'ai tout compris
ils ont tant attiré cette pluie
leur vœu vient d'être exaucé aujourd'hui.

---

[22] Samedi 17 Mai 2008, Fréau Jardin ou place Anani Santos, 09h55'-10h55'

les arbres me sourient
leurs branches portent des fruits
les oiseaux viennent faire leur nid
au milieu des feuilles fraiches avec des cris.

Les hommes dorment sous ces arbres
c'est la mort du mot « palabre »
la naissance du mot « rencontre »
les vieux se partagent leurs contes.

Le soleil brille encore plus
les sportifs se retrouvent au campus
ils courent sans prendre le bus
ils ont une énergie en surplus

une énergie qui surpasse celle d'un drogué
ils s'entrainent, ils s'avancent sans se fatiguer
les anciens amis se retrouvent
les handicapés se déplacent, c'est le *« moov »*.

La sagesse domine nos paroles
l'espoir reprend son envol
fait escale au sommet de l'exécution
pour se poser enfin sur la montagne de Sion.

un enfant juste un enfant (Partie I)[23] :

J'aurai aussi un jour, un enfant
que je porterai sur mon ivoire comme un éléphant
un enfant qui me suivra partout comme une queue
un enfant que mon cœur adorerait comme un Dieu

un enfant qui me posera des tas de questions
un enfant qui m'étonnera par ses actions
un enfant qui jouera dans le jardin
un enfant qui mettra en bouche tout ce qu'il a en mains

un enfant à qui je tiendrai la main
pour lui montrer le bon chemin
un enfant qui me sourira
un bébé qui m'appellera papa.

Un enfant à porter dans mes bras
un enfant, un souvenir de là-bas
un enfant qui arrachera des fleurs
un enfant qui réanimera mon cœur.

Un enfant pour s'asseoir dans le fauteuil
un enfant pour déranger mon sommeil
un enfant pour jouer sur le lit
un enfant qui pleure et qui sourit

---

[23] Vendredi 30 Mai 2008, avant 12h00' au service du passeport non loin du Campus Nord (Université de Lomé)

un enfant à courir les escaliers

un enfant qui n'arrête pas de jouer

un enfant à aimer et à châtier

un enfant qui m'obligera souvent à crier.

un enfant juste un enfant (Partie 2)[24] :

Un enfant ! Mon cœur a envie d'aimer

un enfant, que l'amour m'aidera à semer

un enfant à qui je dirai : « je t'aime »

un enfant à qui je lirai tous mes poèmes.

Un enfant à la voix d'un ange

un enfant qui veut manger ce que je mange

un enfant que j'appellerai

un enfant que je serrerai

contre mon corps

comme un trésor

un enfant à qui je penserai

un enfant avec qui je mangerai.

Un enfant qui sera mon confident

un enfant qui me sera comme un amant

un enfant qui jouira de mon héritage

un enfant qui me manquera en voyage.

---

[24] Vendredi 30 Mai 2008, avant 12H au service des passeports non loin du Campus Nord (université de Lomé).

Un enfant qui fera mon bonheur

un enfant, mon cœur

un enfant dont j'en prendrai soin

un bébé à qui je pourrai indiquer le bon chemin.

Un enfant, un avenir

un enfant, un sourire

je les aime, c'est vrai

chaque enfant est un secret.

un jour ![25] :

Un jour, viendra ma délivrance

un jour, finira ma souffrance

un jour effacera toutes mes humiliations

un jour me dévoilera ma vraie mission.

Un jour, mon cœur retrouvera la paix

un jour ma conscience n'aurait plus de secret

un jour, j'aurai la vraie liberté

celle qui se vit dans la lumière et non dans l'obscurité.

Un jour amènera la vérité

un jour défendra la pauvreté

un jour fera justice aux opprimés

brûlera l'ivraie que l'inconnu a semée.

---

[25] Vendredi 27Juin 2008, Centre Culturel Français de Lomé, 16h41' à 16h55'

un jour fera briller mon étoile
comme le soleil à midi
un jour déchirera ce voile
qui m'empêche de contempler le paradis.

Un jour délivrera mes ennemis
de cet esprit qui les excite contre leurs amis
la jalousie de l'homme prendra fin un jour
car la jalousie de Dieu n'empêche pas son amour.

s'il arrivait ce jour[26] :

S'il arrive un jour que tu m'oublies
dans cette prison noire sans lit
s'il arrive un jour que ton cœur s'éloigne de moi
s'il arrivait effectivement que je n'entende plus ta voix

S'il arrivait qu'un jour nous sépare
nous éloigne de notre lieu de rencontre, de ce Bar
s'il arrivait que l'un de nous disparaisse
ou qu'il renonce désormais à suivre les messes

s'il arrivait que tu ne m'appelles plus
malgré mes poèmes que tu as lus
s'il arrivait que tu renonces à notre amitié
s'il arrivait que ton amour se change en pitié

---

[26] Vendredi 27 Juin 2008, Centre Culturel Français de Lomé, 16h57' à 17h10'

s'il arrivait que ma voix te donne des maux de tête

s'il arrivait que tu me regardes comme une bête

s'il arrivait que ma présence devienne insupportable

s'il arrivait qu'il se passe quelque chose d'incroyable

s'il arrivait que cet amour vienne à sa fin

s'il arrivait que ton absence me donne du chagrin

s'il arrivait que le vent renonce à être témoin

s'il arrivait que la mer refuse d'ouvrir ses mains

s'il arrivait que je ne sois plus le même

s'il arrivait que j'édite mes poèmes

s'il arrivait que nos destins se séparent

n'oublie jamais le jour de ton départ.

le jour de mon mariage[27] :

Le jour de mon mariage

inonde mon cœur comme un orage

il est comme le seul message

que je n'ai jamais lu jusqu'à mon âge.

Le jour de mon mariage

ce jour que je vivrai avec un peu de courage

ce bonheur semblable aux grains de sable de la plage

ce bonheur dont n'ont jamais cessé de parler des sages.

---

[27] Vendredi 27 Juin 2008, Centre Culturel Français de Lomé, 17h12' à 17h27'

Le jour de mon mariage

jour qui mettra fin aux pillages

à l'injustice de l'ennemi, à ses vols et braquages

jour où le vrai bonheur prendrait les pauvres en charge.

Jour de mon mariage

où le soleil montrerait son vrai visage

où le Créateur m'offrirait en cadeau l'étoile du matin

jour dont l'apocalypse en a déjà montré les témoins.

Jour de mon mariage

où les prisonniers sortiront de leur cage

car c'est la fête de la liberté

une nouvelle justice avec pour témoin, une seule vérité.

Jour de mon mariage

jour de la libération des otages

où l'Afrique ne serait plus une mauvaise image

parce que ses dirigeants n'auront plus de pensées sauvages.

la femme que Dieu m'a donnée[28]

Connais-tu la femme que Dieu m'a donnée

Dans sa famille, ce n'est pas elle, l'ainée

Et bien avec sa belle peau basanée[29]

---

[28] Mardi 10 Décembre 2013 à la BOAD porte 109

[29] Hâlé, noirâtre, bronzé (ici, veut dire noirâtre : qui tire sur le noir)

Elle est toujours joyeuse, elle aime badiner[30]

Connais-tu la femme que Dieu m'a donnée
Sa beauté à elle est unique, et n'est pas bornée
Elle est belle comme une star de ciné
D'elle, personne ne peut se berner[31]

l'amour est un miracle[32] :

Les cerveaux se complètent
les bons évènements se fêtent
le pommier porte de la pomme
l'homme est prophète de l'homme.

Les têtes se rencontrent
comme un rendez-vous avec une montre.
Seules les montagnes ne se croisent jamais
c'est quelqu'un qui a voulu tous ces faits.

La Terre est ronde, le monde est petit
ceux qui se séparent se rencontrent au lit.
Des ennemis deviennent de bons amis
les hommes se séparent, la nature les réunit.

La nature nous réunit

---

[30] Faire le badin, plaisanter

[31] Se moquer, tromper

[32] Dimanche 04 Mai 2008, quartier Bè-Château face à la plage. 15h55'-16h12'

des inconnus deviennent des amis

des amis se ressemblent comme des jumeaux

un amour que l'on écrit en un seul mot.

L'amour est un miracle

il ne pense pas aux obstacles

l'amour n'est que amour

il ne pense à rien sauf à l'amour.

ô mon cœur, n'explose pas[33] :

Ô mon cœur ! Pardonnes-moi.

Je n'ai pas pu conquérir celle que tu aimes.

J'ai essayé avec tous mes poèmes

je t'en prie, pardonnes-moi encore une fois.

Ô mon cœur ! N'exploses pas

cet amour est plus grand que toi

je vais demander un nouveau disque dur chez Papa

pour faire augmenter ton poids.

L'ancien disque dur est dépassé

cet amour déborde de ses pensées

il n'arrive plus à bien traiter les données

il a sué, il a failli abandonner.

L'énergie que dégage cet amour est immense

---

[33] Mercredi 07 Mai 2008, université de Lomé campus Nord, et Espace Saint Jean Apôtre, 11h00'-12h00'

c'est le coup de foudre, tu manques de patience
cet amour te fait perdre la connaissance[(13h29')]
tu sembles trouver la raison de ton existence.

Le nouveau disque dur a une capacité de 50 giga-octets
il peut en plus de l'amour contenir tous les secrets
Bientôt il sera installé sur ton PC
je transférerai tous tes sentiments sur ses pensées[(13h35')]

Si j'ai mal[34]

Si j'ai mal

Faites-moi entendre la voix de ma chérie

Si je suis triste

Faites-moi entendre la voix de ma chérie.

La voix de ma chérie

est à mon cœur comme un miel sur le palais d'une bouche.

Elle est à mon âme comme une douce mélodie aux oreilles de

quelqu'un qui aime la musique.

La voix de ma chérie

me donne la paix

me soulage comme si on me déchargeait d'un grand fardeau.

Elle me désaltère comme quand un pèlerin assoiffe finit par trouver

un puits d'eau au milieu d'un immense désert.

La voix de ma chérie

Elle est tout ce dont j'ai besoin en ce moment.

---

[34] 21 Mai 2021

L'amour vaut mieux que tout[35]

L'amour vaut mieux que la haine.

La confiance mieux que la méfiance.

Le pardon mieux que la rancune.

La réconciliation mieux que la séparation

Car après tout mieux vaut être heureux,

mieux vaut être en paix que avoir raison.

Ma fille je t'aime[36]

Ma fille je t'aime

Si je pouvais ouvrir ma poitrine

Faire sortir mon cœur

L'ouvrir devant toi comme on ouvre un livre

Tu verras que c'est seulement ton nom et uniquement ton nom qui y

est grave sur toutes ses pages.

Ma fille

Je t'aime

ton nom a changé

L'orphelin retrouve le sourire.

Il montre ses dents à la nature.

---

[35] Mai 2021

[36] Mai 2021

Le ciel fait couler ses larmes :
cette pluie qui mouille son charme.
Le soleil se lève, une lumière éclaire son chemin
un jour s'annonce et met fin à cette nuit de chagrin.
Sur sa route, il écoute les oiseaux chanter
une mélodie qui veut dire : « ton nom a changé ».

Il n'est que 11h43[37]

Il n'est que 11h43
Et je t'aime toujours
Il sera bientôt minuit
Et je crois que Je t'aimerai encore.
Mon amour pour toi
Déborde en moi
Comme de L'eau.
Le soleil m'a frappé ce midi
J'ai transpire toute la sueur de mon corps
Mais ton amour lui n'est toujours pas sorti de moi
Les problèmes de la vie m'ont accable
J'ai pleuré toutes les larmes de mon corps
Mais ton amour lui n'est toujours pas sorti de moi
Puis vint le moment de partir
Je pris la moto
Je pris la voiture
Je monte en bateau
Je monte en avion

---

[37] Écrit à l'instant 21/03/2021 à 11h43' pour ma mélanine *MALANO*

Je Parcourus des milliers de kilomètres loin de toi
Mais malgré cela
Je dis bien malgré cela
Ton amour en moi demeure toujours
Je t'aime
Ta voix me remplit de joie
Cette joie
Je la ressens depuis la paume de mes pieds
Jusqu'à la pointe de mes cheveux.
Je t'aime.
Je suis content de t'aimer
Penser à toi me donne le sourire
Rêver de toi me donne la paix dans mon sommeil
Je t'aime

N'oublie pas de lui dire « je t'aime »[38]

ne luis dis pas "au revoir"
sans lui avoir dit *je t'aime*.
ne la laisse pas fermer les yeux
sans lui avoir dit "je t'aime"
ne ferme pas les portes de sa chambre
sans lui avoir rappelé que tu l'aimes
(...)
La réalité de la vie nous emmène parfois,
a vivre chaque jour de cette vie comme si c'était le dernier.
Mais toi qui prends ton temps pour lire ce petit message

---

[38] 7/03/2021

Je nous souhaite longue vie et beaucoup de bonheur...

C'est possible aussi[39]

Réussir

Sans perdre sa santé

Réussir

Sans sacrifier l'autre

Réussir

Sans perdre sa vie

Réussir

Sans Tricher, sans mentir, sans voler

Réussir ainsi

C'est possible aussi

Juste porter du fruit[40]

Porter du fruit

C'était tout ce que j'essayais de faire

Porter du fruit

C'était le seul Objectif pour L'arbre que je constitue

J'ai demandé aux passants De m arroser avec un peu de leur eau

Mais personne d'entre eux n'a voulu le faire

J'ai demandé aux voyageurs de mouiller le sol dans lequel je cache

 mes racines

---

[39] Janvier 2021 en Côte d'ivoire

[40] 12/2020

Mais personne d'entre eux n'a voulu le faire.

Tous savent que j'ai besoin de cette eau

Oui tous savent que je souffre sans cet élément de la nature

Oui Tous le savent

Mais personne ne me l'a jamais propose

Personne

jusqu' a ce que le ciel Se propose de le faire

 Personne

jusqu'à ce que les nuages donnent leur vie pour que je puisse boire

Vraiment

Merci au ciel

Merci pour cette pluie

mais je continue par caresser ta face

Ta beauté me figea sur place

Ton teint de figuline corrompit ma face

Ton élégance digne d'un être *afiente*

Me désarme, m'affole et me tente

Mon cœur est fief,

pour lui, ton entourage ne vaut pas un fifrelin.

Ton souvenir a fignolé mon âme jusqu' au matin.

Pour rencontrer sa reine, il se déguise en chef

Longtemps amoureux abandonnique

Solitude ! abandonnataire de mon amour

Je viens à toi en ce jour

Vêtu de cette sans précédent dalmatique,

pour écouter ta belle voix
ta voix, cette incroyable mélodie
qui m'a guéri de cette abasie
et dont j'ai encore soif d'écouter sans savoir pourquoi.

Mon amour a abâtardi ta race, ta classe
Mais je continue par caresser cette face
dans mon rêve, mon imagination
malgré l'incontinence de mes émotions

si tu pouvais être ma chérie

Envie de toi
chaque fois que je te vois
envie de te serrer contre moi
de t'embrasser pour la première fois.

Mes lèvres ont soif de tes lèvres
Se priver de toi me donne la fièvre
Quand tu me regardes avec tes si beaux yeux
j'imagine déjà ce que c'est que de vivre à deux.

Si tu savais combien de fois
ton sourire me rendait heureux
j'ai envie de glisser mes doigts dans tes cheveux
faire venir ce joli visage contre moi.

Tu as un beau regard
et de très beaux yeux.
Tu es celle que les cieux
devraient mettre à part.

Tu as une consolatrice voix
capable de faire oublier tout deuil.
Ta présence est comme le soleil
toutes les attentions se portent toujours vers toi.

Comment te dire *« je t'aime »*
moi qui ne l'écris que dans les poèmes
J'irai chercher les mots de Verlaine
pour te dire que tu coules dans mes veines

Viens vers moi

Ta parole purifie mon cœur
Ta voix fait disparaitre en moi cette peur
Avec toi, je ne suis plus le même
Mon âme coule en moi comme les vers d'un poème

Toi, tu ne le sais toujours pas
J'ai faim de toi comme d'un repas
Envie de te serrer dans mes bras
Comme une petite fille et son papa

Je t'aime

Si seulement je pourrai prononcer cette phrase

Je t'aime

Cette parole comme l'intérieur d'une case

Je t'aime au-delà de ta beauté

Soif que cette sensation soit une éternité

Cette vie, je veux la mener à tes cotés

Viens vers moi, viens vers moi beauté

J'ai tant besoin de toi

Consolé par la fraicheur de tes doigts

La lumière de tes yeux

Brillants comme les étoiles des cieux

ne me prive pas de ta présence

Toi qui es parti vers cette ville lointaine.

Toi qui malgré toutes ces peines

as accepté d'honorer ta patrie.

Je te cherche près de moi, je te cherche dans mon lit

Toi qui m'as aimé comme on aime une enfant

toi qui toujours n'as désiré que mon bonheur

j'ai soif de te revoir, cette soif remplit et déborde de mon cœur

où es-tu ? Je te cherche partout, même dans le vent.

Le dimanche, ce jour que tu aimais tant

je le passe désormais seul à la plage

seul à chercher ta face sur tous les visages

oui car ma raison d'être vient de me quitter il y a un moment.

Je veux bien ne plus y croire

considérer tout cela comme une simple histoire

mais non j'y arrive pas, je veux encore espérer ton retour

espérer que tu reviendras dans tous les prochains jours.

J'ai déjà préparé ton repas

je l'ai fait comme tu l'aimes si bien le prendre.

En espérant que tu arrives vite de là-bas,

mon âme elle, ne se lassera jamais de t'attendre.

Car tu es ma raison de vivre

l'unique page de mon livre

ne me prive pas de ta présence

ma vie perdrait tout son sens

Maman je t'aime

Je pense à toi maman

à là où tu es présentement.

Tu as déjà souffert dans mon enfance

pourquoi encore souffrir en ma présence ?

Je pense à quand tu me lavais

à quand tu me dressais, m'entretenais

à quand tu faisais tout pour que je sois beau
à quand chaque soir tu revenais avec un cadeau.
[...]
Maman ! je suis au chômage
je suis ici à ne rien faire
je suis là à errer sur la plage
à contempler cette mer

Maman ! pourquoi je suis au repos
tandis que toi, tu cours encore çà et là
pour combler notre soirée de ce petit repas
maman ! n'est-ce pas toi qui as besoin de repos ?

Maman ! pardonnes moi de ne pas pouvoir t'aider
Quand même je continuerai le combat
Sans jamais abandonner sans jamais céder
Sans jamais baisser les bras
[...]
Maman ! ne t'inquiète plus pour moi
Après ces dures épreuves sur ma voie
J'ai cessé de convoiter de désirer
J'ai perdu le courage de me mirer

J'irai te rejoindre où tu seras

Si le soleil pouvait changer d'horizon
si le clair de lune pouvait embrasser ma maison
si le vent pouvait me servir de transport

j'irai illico te rejoindre à l'autre bord.

Si je pouvais voyager sans visas,
si j'avais des ailes pour voler
partout dans le ciel sans me faire bruler,
j'irai illico te rejoindre dans ce pays de pizza.

Toi qui es parti il y a plus d'un an
toi, qui es parti pour un pays inconnu
quand devrions-nous[41] espérer ta venue ?
L'envie de te voir nous fait pleurer amèrement.

Toi à la quête d'une vie meilleure
toi dont le souvenir grandit comme une fleur
toi si doux, oui si doux et si tendre
mes oreilles ont soif de t'entendre.

Le sang qui nous unit m'oblige à te chercher
Cette même racine m'oblige à te rejoindre
cette même source m'oblige à t'atteindre
partout où la nature pourrait te cacher.

Je suis désormais une partie de toi
on ne pourra plus se quitter comme ça.
J'irai s'il le faut dans l'au-delà
pour te convaincre de toujours revenir vers moi.

---

[41] mon corps, mon esprit et mon âme

Cette envie me donne la fièvre

Je veux t'embrasser aujourd'hui
te serrer contre moi cette nuit
je veux sentir la douceur de tes lèvres
je veux de toi et cette envie me donne la fièvre.

Je veux te prendre par la main
et qu'ensemble nous parcourons le chemin
que nous entrainons le désir de nos âmes
à se réaliser dans un endroit encore plus calme.

Je te veux à mes côtés aujourd'hui
je veux que celle-ci soit la plus longue de mes nuits
c'est tes lèvres que je désire comme de l'eau
sentir dans ce temps pluvieux, la chaleur de ta peau.

Je veux glisser mes mains dans tes longs cheveux
explorer de près ce charme révolver de tes yeux
sentir ta respiration rafraîchir les poils de ma peau
embrasser tes lèvres avec une main qui s'enivre de ton dos.

J'ai une soif *indésalterable* de toi
t'avoir rien que pour moi
dépasse tout l'honneur d'un roi
encore embrasse-moi encore, caresse mes doigts

Sommeil

La journée finie,
les pensées se tournent vers le lit.
De loin, le regard t'aperçoit
et pour t'embrasser, les pieds jonchent la voie.

Ce calme, comme la beauté d'une dame
séduit, désarme ces merveilleuses âmes.
Ouvrir tes portes comme ouvrir le paradis
quoi de plus beau que le néant dans tes nuits.

Retraite des pensées
repos des idées
ce sommeil que tu offres
est plus précieux que celui dans le *« coffre »*

Grand tombeau
merveilleux cadeau
quoi de plus beau
que de dormir de dos

l'enfance[42] :

Hier, j'étais nouveau-né
mes parents m'appelaient « Dieu donné »

---

[42] Mardi 03 Juin 2008, université de Lomé, bibliothèque 16h21'-16h45'

des cris de joie dans le village
annonçaient un nouveau-né pour ce voyage.

Hier, j'étais un enfant
s'amusant avec l'ivoire des éléphants
un cœur remplit de néant
un corps, un esprit, une âme encore innocents.

Hier, mon rêve était de manger et de s'amuser
rien à poursuivre, aucun objectif à viser
seul dans mon berceau, je chantais
avec tout mon corps et cela me rendait gai.

Je n'aimais que ceux qui me font sourire
se laver ou prendre des médicaments me faisaient fuir.
Mon paradis, c'était le dos de ma mère
je ressentais une sensation vraiment extraordinaire.

J'étais ivre de joie comme un soulard
j'approchais mes mains pour lui détacher son foulard
j'aimais tant tirer ses longs cheveux
je cherchais toujours à saisir dans mes mains un feu.

J'étais à la fois bon et pervers
ma curiosité de toucher tout fait casser les vers
heureusement malgré tout, je suis demeuré vivant
l'enfance, un champ de bataille pour les enfants.

Ô Mère !

Ô Mère, toi qui es ma source de vie
tu me faisais dormir à côté de toi sur le lit.
Ô mère, toi qui m'as gardé dans ton ventre
je me demande si un jour, je pourrai quitter ce centre.

Ô Mère, durant neuf mois je t'ai fait souffrir
mais un jour maman, je te ferai sourire
je t'aime beaucoup maman, tu es super
ton amour envers moi est solide comme du fer.

Ô Mère, toi qui es ma lumière de nuit
toi qui as risqué pour moi ta vie
toi qui as choisi de ne pas m'avorter
tu m'as appris à dire la vérité.

Ô Mère, toi qui es l'eau dans le désert de ma vie
toi qui m'as permis d'avoir cet âge aujourd'hui
tu me disais qu'un jour je deviendrai un bon père
je t'aime beaucoup maman tu es extraordinaire.

ô Mère, toi qui m'as permis de vivre
tu me racontais des histoires dans ton livre
le soir tu me faisais voir des films
je t'aime beaucoup maman tu es sublime.

ô Mère, toi qui es mon intégrale
tu m'as appris à ne pas faire du mal

toi qui me tenais par ma main
pour m'amener dans un lieu saint.

ô Mère, toi qui me faisais sortir sous un ciel nuageux
pour me faire marcher, pour me diriger
tu m'aidais à surmonter les dangers
je t'aime beaucoup maman, sois heureuse.

ô Mère, toi qui connais mon cœur
tu m'as promis de me donner une sœur
tu essuyais mes larmes quand je m'attristais
en me disant qu'aucun homme n'était parfait.

ô Mère, toi qui cherches mon bonheur
tu me parles de Jésus la nuit quand j'ai peur
toi qui me prenais sur ton dos
tu faisais tout pour me rendre beau.

Ô Mère, toi qui as souffert pour me faire manger
je demandais toujours d'après le boulanger
je t'aime beaucoup maman, tu es merveilleuse
ma prière c'est que pour toujours tu sois heureuse.

ô Mère, toi qui m'as ouvert les yeux
grâce à toi j'ai pu voir les cieux
toi qui m'as amené à l'école la première fois
tu m'as appris à compter avec les doigts.

Je t'aime beaucoup maman, tu mérites tous les respects du monde.

ô Mère, toi qui m'as appris à aimer
tu me disais qu'on récolte toujours ce qu'on a semé
aujourd'hui j'ai réussi et je veux te dire
ta récompense pour toi sera un éternel sourire.

ô Mère, toi qui ne dors plus la nuit à cause de moi
tu me parles toujours de la foi
toi qui m'as promis de me donner un frère
qu'ensemble on te ferait sortir de la misère.

ô Mère, toi qui me parlais de Dieu
qu'à la fin le monde sera brûlé par le feu
toi qui m'as semé dans cette vie
viens porter les beaux fruits que je porte aujourd'hui.

Je t'aime beaucoup maman, sois heureuse.

ô Mère, toi qui m'as appris à bien parler
à ton cœur le mien restera toujours coller
aujourd'hui je suis grand
et je mettrai mon amour envers toi dans le vent.

Je t'aime beaucoup maman, sois en paix.

ô Mère, toi qui manges après moi
toi qui te fatigues à cause de moi
j'ai peur que tu me quittes un jour
s'il te plaît maman, acceptes mon amour.

Je t'aime beaucoup maman sois éternel.

ô Mère, de toi j'ai hérité cette beauté
je t'offrirai toutes les maisons de la cité
toi qui me surveilles jour et nuit
comme si un jour j'allais te fuir.

Je t'aime beaucoup maman, que Dieu t'aime.

Je pense toujours à elle

Je pense à elle
quand je regarde vers le ciel
elle volait comme une hirondelle
et je m'étais accroché à elle.

Je pense à elle
elle est très belle
elle m'était devenue fidèle
en amour on a fait que l'essentiel.

Je pense à elle
elle me donne des plaisirs plus que charnels
je l'avais rencontrée à l'hôtel
elle était seule.

Je pense à elle

c'était un jour de Noël
je lui ai fait l'amour comme un Rebel
et j'ai eu le prix Nobel

Je pense à elle
ses lèvres étaient douces comme du miel
pas parce qu'elle avait mis du gel
ou qu'elle avait des ailes

mais c'est que je pense toujours à elle
elle dont la beauté est éternelle
Je pensais qu'elle serait telle
mais elle devient de plus en plus belle.

Je pense à elle
Elle, fille du Dieu d'Israël
son amour envers moi comme une étincelle
tout ce qu'elle me demande c'est de lui être fidèle.

Je pense à elle
elle s'écroule, elle chancelle
parce que la parole et les œuvres de ses fils de ses belles
sont contre le Saint contre l'Eternel

Je pense à elle
elle, géante comme une gazelle
victime de ses hommes cruels
alors qu'elle était innocente comme Abel.

Je pense à elle

elle comme l'ange Gabriel

avec ses habits aux couleurs de l'arc en ciel

m'apporte toujours de bonnes nouvelles.

Je pense à elle

elle que j'ai connue sous ce ciel

parcoure mon cœur comme une hirondelle

je faisais tout pour l'éloigner de Daniel.

Je pense à elle

ses lèvres si douces comme du miel

je l'invitais aux îles Seychelles

c'est là que nous avons passé notre lune de miel.

Je pense à elle

elle avait une forme plus belle

je lui faisais l'amour comme un Rebel

sur tous les étages de la tour Eiffel.

Je pense à elle

les rois couraient tous après elle, ils chancellent.

Elle, elle restera dans ma mémoire comme Israël

parce que les plaisirs que j'ai eu d'elle sont plus que charnels.

Je pense à elle

c'est vrai que je ne suis pas l'ange Michael

c'est vrai, je ne suis pas le premier comme Daniel

pourtant, je l'ai suppliée de m'accepter comme un prix Nobel.

Je pense à elle
victime de son amour innocent comme Abel
pour elle j'ai supplié l'ange Gabriel
de lui apporter toujours de ses bonnes nouvelles.

Je pense à elle
pour elle, jeune demoiselle
j'ai quitté Muriel
à cause de ses habits aux couleurs de l'arc en ciel.

Je pense à elle
elle qui me conseillait comme Samuel
me demandait de m'éloigner de ses gens cruels
sinon ils finiront par me jeter dans leur poubelle.

Je pense toujours à toi ma belle
Tourne -toi vers moi, c'est ton amour éternel
embrasse-moi devant les étoiles du ciel
tu verras, je t'emmènerais encore au septième ciel.

amusement de rimes[43]

Ce soir on mangera la vie
même si ma copine ne s'appelle pas Sylvie
ouvrez-bien vos yeux
même si on ne vous appelle pas Matthieu.

---

[43] Ce soir on fera la fête, on mènera une belle vie... terme employé en Mina au Togo

Prenez bien vos bières

même si vous faites semblant d'oublier hier

vous jouez au soulard

parce que vous avez une fois vu un canard

ou avez-vous traité une fois votre amie de c*nnard.

Vous aimez la dance

parce que vous n'avez jamais eu de chance

ou avez-vous brisé votre alliance

ou peut-être perdu votre confiance.

Vous aimez les fêtes

parce que vous aimez voir les têtes

ou parce que vous êtes « sept »

ou vous êtes fatigués de faire des enquêtes.

Poème en mina :

Obé étsito kpo ola to kou do

Obé waméno névè mla nyin lé togodo

Obé étudiant wa onyi gogbalo.

Owo kou grotto

Mi lé yi montécristo.

Olé to kou papa

Olé to kou teacher

Owo déka

Olé dou wakpata wa béga.

Obé o favi
Odou aya sougbo vayi.
Obé o mou sévivi
Gakémé ké o nyin dévi;

Obé, tasiwogbo, o kpé fou
Fifia, ola to kou
Améké kou nahoun

Ibo wan kébé, yé la déwo
Ibo wan kévana gbésiagbégbé kou do kado
Ibo wan kéyé, odji vina
Ibo wan ké kployi nigéria.

So ga wan mé
Migba kpo wo kpo
Énowo lé favi, étowo lé boutamé
Déviya, oma ké wo blèwoua.

Paroles d' espoir

Un feu ardent brule dans mes mains[44] :

Des idées me supplient de les penser
des paroles me supplient de les prononcer
mon amour me supplie de l'embrasser
et moi qui veux toujours m'abaisser.

Des dons me supplient de les exploiter
ils refusent qu'un autre vienne les prêter.
Des dons ne veulent que de moi
ils exigent rien de moi si ce n'est ma foi.

Je suis revêtu de dons
les anges me dictent des leçons.
Comme de merveilleuses chansons
bienheureuses sont les oreilles qui écoutent ces sons.

Je bois de la puissance d'en haut
comme l'on boit de l'eau
je suis enivré d'esprit Saint
du feu ardent brûle dans mes mains.

Il est si grand et redoutable
comme une fleur, il est posé sur une table
ce destin que je suis tenu d'accomplir
ce destin dont personne ne m'empêchera d'accomplir.

---

[44] Lundi 05 Mai 2008, quartier Bè-Château à la maison 14h07'-14h17'

je t'aime moi aussi[45] :

Jour de grâce
je manque d'espace
pour recevoir tous ces dons
qui ont déjà rempli ma maison.

Jour de grâce
honneur à toutes les races
bienvenue parmi-nous
venez-voir comme l'invisible est doux.

Celui qu'on ne voit pas mais dont on voit les œuvres
l'époux de l'église, le père des orphelins et des pauvres.
Où accueillerai-je tous ces dons que tu m'offres en ce jour
malgré moi, tu ne m'as pas refusé ton amour.

Je t'aime car toi seul me regardes d'une autre manière
tu écoutais mes paroles quand je pleurais hier
merci de m'avoir pardonné
merci pour tout ce que tu m'as donné..

Tu es incomparable, toi qui nous aimes
permets-moi de te dédier ce poème
mon cœur a soif de toi comme de l'eau
je t'aime moi aussi, sa majesté très haut

____

[45] Lundi 05 Mai 2008, quartier Bè-Château à la maison 14h17'-14h25'

si tu veux, je peux[46] :

Prêt à apprendre

prêt à comprendre

déterminé à réussir

prêt à souffrir.

Aides-moi à persévérer

aides-moi à continuer

que je ne meure pas en chemin

que j'accomplisse le bon destin.

Il y a trop de pièges

les adversaires se font des sièges

ils s'organisent pour nous faire échouer

on réussit mais on a tant sué.

Ceux qui n'ont plus d'espoir

veulent nous empêcher de te croire

ceux qui sont déjà morts

veulent s'emparer de nos corps.

Si tu veux, je peux réussir facilement

que les bonnes idées m'attirent comme un aimant.

Seigneur, viens me gouverner

en fin de compte, c'est toi qui m'as tout donné.

---

[46] Lundi 05 Mai 2008, quartier Bè-Château à la maison 22h17'-22h30'

encore un peu seulement[47] :

Encore une petite détermination
j'accomplirai cette mission
encore un peu de motivation
j'appliquerai la solution.

C'est plus dur que prévu
on en parle dans toutes les revues
je suis en pleine sueur
je sens la fatigue et la douleur.

Cette fois, je suis décidé à avancer
plus personne ne pourra me menacer
je ne veux plus rester en bas
impossible de supporter ces dégâts.

Hors de question d'être le plus faible
je veux aussi parcourir le ciel comme un aigle
hors de question qu'on m'effraye
hors de question que je bégaye.

Je veux être un homme
désormais la réussite me nomme
pour que je devienne un héro
pour que j'habite en haut.

---

[47] Mercredi 07 Mai 2008, université de Lomé campus Nord 06h24'-06h33'

continuer d'espérer[48] :

Continuer d'espérer un pouvoir
capable de nous faire voir
les choses qui nous sont cachées,
car l'ignorance est aussi une souffrance dans ce marché.

Continuer d'espérer l'arrivée d'une force nouvelle
pour que cette visite soit douce comme du miel.
S'entrainer pour réussir à cet examen
il le faut si on veut accomplir ce bon destin.

Croire toujours en un miracle
croire à la réalisation de l'oracle
même si demain fait signe d'obstacles
tout passera comme un spectacle.

Continuer de garder la crainte de Dieu
la souffrance peut aveugler les yeux
ne jamais être rebelle à son Créateur
lui, il agit toujours en notre faveur.

C'est vrai que les temps sont durs
mais que cela ne nous empêche pas d'être pur.
Une bonne fin a toujours un début difficile
n'oubliez pas qu'on vous oint avec une huile.

---

[48] Lundi 05 Mai 2008, quartier Bè-Château 06h03'-06h21'

Sommaire :